BEI GRIN MACHT SICH IHR WISSEN BEZAHLT

AF151333

- Wir veröffentlichen Ihre Hausarbeit, Bachelor- und Masterarbeit

- Ihr eigenes eBook und Buch - weltweit in allen wichtigen Shops

- Verdienen Sie an jedem Verkauf

Jetzt bei www.GRIN.com hochladen und kostenlos publizieren

Bibliografische Information der Deutschen Nationalbibliothek:

Die Deutsche Bibliothek verzeichnet diese Publikation in der Deutschen National-
bibliografie; detaillierte bibliografische Daten sind im Internet über http://dnb.d-
nb.de/ abrufbar.

Impressum:

Copyright © 2006 GRIN Verlag, Open Publishing GmbH
Druck und Bindung: Books on Demand GmbH, Norderstedt Germany
ISBN: 9783638927031

Dieses Buch bei GRIN:

http://www.grin.com/de/e-book/58021/anfertigung-einer-handnaht-mit-zwei-nadeln-
unterweisung-orthopaedietechniker

Susan Schwarz

Anfertigung einer Handnaht mit zwei Nadeln (Unterweisung Orthopädietechniker / -in)

GRIN Verlag

GRIN - Your knowledge has value

Der GRIN Verlag publiziert seit 1998 wissenschaftliche Arbeiten von Studenten, Hochschullehrern und anderen Akademikern als eBook und gedrucktes Buch. Die Verlagswebsite www.grin.com ist die ideale Plattform zur Veröffentlichung von Hausarbeiten, Abschlussarbeiten, wissenschaftlichen Aufsätzen, Dissertationen und Fachbüchern.

Besuchen Sie uns im Internet:

http://www.grin.com/

http://www.facebook.com/grincom

http://www.twitter.com/grin_com

Unterweisung im Rahmen der Ausbildereignungsprüfung

Ausbildungsberuf: Orthopädiemechaniker und Bandagist

Thema: **Anfertigung einer Handnaht mit zwei Nadeln**

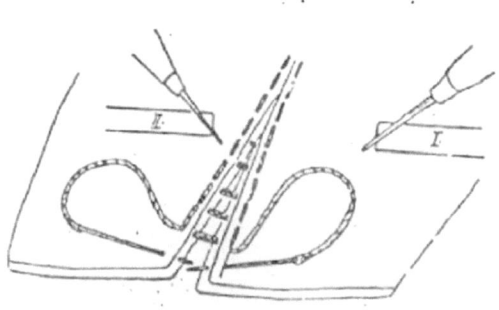

Vorgelegt von: Susan Schwarz

Inhaltsverzeichnis

1.   Zielgruppe
1.1.   Hintergrund
1.2.   Alter und schulische Vorbildung
1.3.   Ausbildungsstand

2.   Didaktische Analyse
2.1.   Ausbildungsrahmenplan
2.2.   Betrieblicher Ausbildungsplan
2.3.   Fachlicher Inhalt
2.4.   Bedeutung für den Auszubildenden und Zusammenhang mit dem
        Berufsschulunterricht

3.   Lernziele
3.1.   Leitlernziel
3.2.   Groblernziel
3.3.   Feinlernziel
3.4.1.   Kognitive Feinlernziel
3.4.2.   Affektive Feinlernziel
3.4.3.   Psychomotorische Feinlernziel

4.   Organisation
4.1.   Ort der Unterweisung
4.2.   Unterweisungszeitpunkt und Dauer

5.   Unterweisungsverlauf
5.1.   1.Stufe: Vorbereitung
5.2.   2.Stufe: Vormachen und Erklären
5.3.   3.Stufe: Wiederholung durch Auszubildenden
5.4.   4.Stufe: Übung und Festigung

6.   Kontrolle des Lernerfolges
6.1.   Lernzielkontrolle
6.2.   Selbstkontrolle durch den Auszubildenden
6.3.   Fremdkontrolle durch den Ausbilder

7.   Literatur- und Quellenangabe

1. Zielgruppe

1.1. Hintergrund

Es handelt sich bei diesem Konzept um die fiktive Unterweisung des Auszubildenden der Mustermann GmbH. Die Mustermann GmbH ist ein mittelständischer, sächsischer Handwerksbetrieb mit 175 Mitarbeitern.

Dienstleistungen des Unternehmens umfassen die Bereiche Orthopädietechnik, Sanitätshaus, Rehabilitationstechnik und Home-Care.

Der Auszubildende wird im Beruf „Orthopädiemechaniker und Bandagist" ausgebildet. Zu seinem Aufgabengebieten gehört die Zuarbeit für die Gesellen beim Herstellen, Aufbauen und Anpassen sowie Warten und Instandhalten von Arm- und Beinprothesen, Orthesen, Stützkorsetten, Epithesen und rehabilitationstechnischen Geräten aus Kunststoff, Holz, Leder und Metall.

1.2. Alter und schulische Vorbildung des Auszubildenden

Der Auszubildende Andreas Schneider ist 16 Jahre alt und besitzt die mittlere Reife.

1.3. Ausbildungsstand

Der Auszubildende befindet sich am Anfang seiner Ausbildung (1. Ausbildungsjahr). Er ist aufgeweckt und interessiert. Seine Leistungen in der Berufsschule sind gut.

2. Didaktische Analyse

2.1. Ausbildungsrahmenlehrplan

Der Ausbildungsrahmenlehrplan sieht für den Auszubildenden im 1. Ausbildungsjahr die Vermittlung von Fertigkeiten im Fügen, d.h. Nähen von Textilien, Leder und Kunststoffen vor.(Ausbildungsrahmenlehrplan §3 Nr.11)
Beim Fachbereich Bandagist gehört die Handnaht selbstverständlich dazu.

2.2. Betrieblicher Ausbildungsplan

Der betriebliche Ausbildungsplan wurde nach den sachlichen und zeitlichen Vorgaben des Ausbildungsrahmenlehrplanes erstellt. Der Ausbildungsplan wird individuell auf den Auszubildenden zugeschnitten. Der Auszubildende wird zur Vermittlung der unter 2.1. beschriebenen Fertigkeiten und Kenntnisse in der Werkstatt des Unternehmens eingesetzt.

2.3. Fachlicher Inhalt

Im Rahmen des o.g. Teiles der Ausbildung (Ausbildungsrahmenlehrplan §3 Nr.11) ist es wichtig, das alle Zusammenhänge bei der Anwendung und Anfertigung der Handnaht richtig erfasst werden, da diese zum Fügen von Materialen dient, die nicht mit einer Maschine genäht werden können.

3. Lernziele

3.1. Leitlernziel
Der Auszubildende soll am Ende seiner Ausbildung über alle Fähigkeiten und Kenntnisse verfügen, die notwendig sind, um den Beruf Orthopädiemechaniker und Bandagisten selbständig und sicher ausüben zu können.

3.2. Groblernziel
Groblernziel ist die Vermittlung von Fertigkeiten und Kenntnissen im Bereich „Textilien, Leder und Kunststoffe nähen"(Ausbildungsrahmenlehrplan § 3 Nr.11 d), somit auch „Nähen mit zwei Nadeln".

3.3. Feinlernziel
Der Auszubildende soll nach der Unterweisung in der Lage sein, selbständig eine Handnaht mit zwei Nadeln anfertigen zu können.
Er soll die Vorteile und Notwendigkeit einer Handnaht verstanden haben und mit den entsprechenden Werkzeugen sicher umgehen können.

3.4.1. Kognitives Feinlernziel
Der Auszubildende soll sich theoretische Kenntnisse, wie Vorgaben zu notwendigen Rand- und Stichabständen und Materialeigenschaften von Leder und Sattlergarn, aneignen.

3.4.2. Affektives Feinlernziel
Des Weiteren soll ein gewissenhafter und verantwortungsbewusster Umgang mit Material, Werkzeugen und Zeit vermittelt werden.

3.4.3. Psychomotorisches Feinlernziel
Der Auszubildende kann das gelernte praktisch Anwenden.

4. Organisation

4.1. Ort der Unterweisung
Die Unterweisung wird in der Bandagistenabteilung der Werkstatt durchgeführt, da dort die notwendigen Materialien und Werkzeuge bereit liegen.
Es ist wichtig, die Handhabung der Werkzeuge zu erläutern, da so ein besseres Verständnis vom Auszubildenden für die Aufgabe erreicht wird.
Ein unnötiges Herumtragen der Werkzeuge ist auf Grund des Arbeitsschutzes zu vermeiden.

4.2. Unterweisungszeitpunkt und -dauer

Für die Unterweisung ist eine Dauer von ca. 15 Minuten eingeplant. Begonnen wird die Unterweisung um 9.20 Uhr, nach der Frühstückspause, da zu diesem Zeitpunkt mit der höchsten Leistungs- und Aufnahmebereitschaft zu rechnen ist.

5. Unterweisungsverlauf

Für die Unterweisung wurde die **Vier- Stufen- Methode** *gewählt, da es sich überwiegend um eine manuelle Fähigkeit handelt und das Lernziel unter den Prüfungs- und Zeitbedingungen zu erreichen ist.*
Dieser Lernabschnitt ist z.Z. Bestandteil der sächsischen Zwischenprüfung im Orthopädiehandwerk.
Die Anfertigung einer Handnaht kann mit etwas Übung und nach 5-10Wiederholungen ohne Probleme beherrscht werden, so dass die Vier-Stufen-Methode hierfür ideal ist.

5.1. **1.Stufe: Vorbereitung 2 min.**

Vorbereitung des Unterweisungsplatzes, Arbeitsmittel werden bereit gestellt.
Werkzeuge: - zugeschnittenes und vorbereitetes Leder
            - 2 Sattlernadeln
            - Sattlergarn (vorgewachst)
            - Schere
            - Zirkel
            - Ahle
            - Lineal
            - Elfenbeinknochen
            - kleiner Hammer

Einleitendes Gespräch mit Begrüßung des Auszubildenden zur heutigen Unterweisung, mit dem Versuch eine angenehme, unbefangene Stimmung zu schaffen, damit das Interesse und die Motivation des Auszubildenden geweckt wird.
Vorstellen des Unterweisungsthemas und Informationen über die Inhalte der Unterweisung um den Auszubildenden an die heutige Aufgabe heranzuführen.
Im Gespräch soll ermittelt werden, welche *Vorkenntnisse der Auszubildende* mitbringt, damit *Anknüpfungspunkte* daran erklärt werden können.(z. B. Metallarbeiten, wie Nieten oder Schrauben an einer Orthese. Darstellung des komplexen Aufgabengebietes in diesem Handwerk als Mechaniker und Bandagist heute.)
Es sollte auf die *richtige Aufstellung am Arbeitsplatz* geachtet werden.

5.2. **2.Stufe: Vormachen und Erklären 8 min.**

In der zweiten Lernstufe führt der Ausbilder die einzelnen Arbeitsschritte des Lernziels vor.
Er zeichnet die Nahtabstände zum Lederrand an und markiert mit dem Zirkel die Stichabstände, damit er sie mit der Aale im Leder vorstechen kann.

5

Danach bereitet er sich die Sattlernadeln mit dem vorgewachstem Garn vor und demonstriert den Nähvorgang.
Dabei sollte er regelmäßigen Blickkontakt zum Auszubildenden halten und seine Ausführungen erklären.

Wichtig ist, den Auszubildenden den richtigen Umgang mit den Arbeitsmitteln zu erklären und ihn zur Einhaltung der Maßnahmen des Arbeits- und Unfallverhütungsschutzes anzuhalten.

Art der Erläuterung:
WAS
WIE
WARUM

Wichtige Punkte betont der Ausbilder besonders oder wiederholt sie, damit der Auszubildende besser folgen kann.
Sobald Unklarheiten auftreten, hat der Auszubildende die Möglichkeit, Fragen zu stellen.

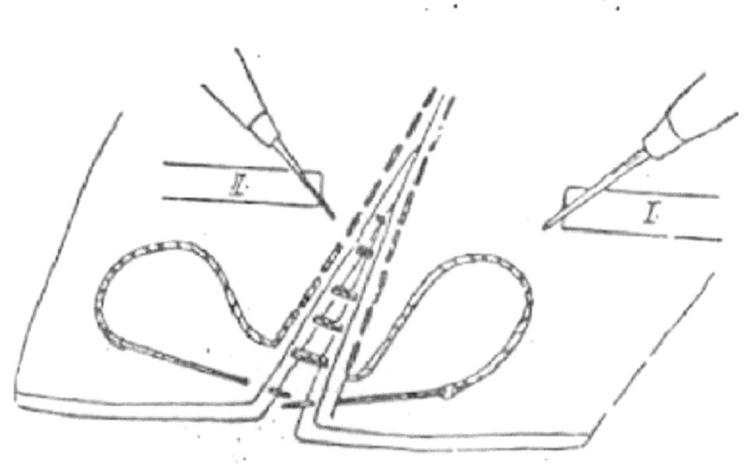

WAS	WIE	WARUM
Randabstand mit dem Zirkel anzeichnen	der Zirkel wird mit Hilfe eines Lineals auf einen Schenkelabstand 0,5cm eingestellt und an der Lederschnittkante entlang gezogen	damit der Nahtabstand zur Kante konstant bleibt
Stichabstände anzeichnen	die bisherige Einstellung des Schenkelabstandes beibehalten und den Zirkel am Nahtbeginn ansetzen und bis zum Nahtende anzeichnen	so werden Stichabstände gleich und die Naht sieht ordentlich aus
Vorstechen der Nahtlöcher	die Ahle ansetzen und schräg durch den Spieß des Leders nach außen durchstechen	Vorstechen: zur Erleichterung des Nähen schräg: Lederkanten bündig aneinander ziehen
Zuschnitt des Sattlergarns	messen der Nahtlänge und diese mal sechs multiplizieren und von der Rolle abmessen und abschneiden	ausreichend das Garn zuschneiden, damit es nicht zu kurz ist beim Nähen und ausreichend Garn zum Verknoten am Ende vorhanden ist
Einfädeln des Sattlergarns in die Sattlernadeln	die Nadelspitze entgegen dem Fadenende halten und zwei Mal durch den Faden im Abstand von 2,5cm stechen anschließend das Garnende durch das Nadelöhr fädeln	zur Sicherung des Garns vor dem Ausfädeln durch den kräftigen Zug beim Nähen
Beginn des Nähens	begonnen wird am Naht-Ende mit einem quer gezogenem Stich, der Faden wird so durchgezogen, dass beide Fadenseiten gleich lang sind und anschließend auf der Nahtoberseite doppelt verknotet werden	der Knoten dient als stabiles Ende/Anfang der Naht

7

WAS	WIE	WARUM
Nähen	*Werkzeughaltung:* *in der rechten Hand die* *Ahle und eine Sattlernadel,* *in der linken Hand die* *andere Sattlernadel* **1.**als Erstes wird die linke Sattlernadel durch beide Löcher von links nach rechts durchgestochen (Falls ein Nachstechen der Löcher notwendig ist, dient die Ahle in der rechten Hand als Hilfe), das Garn wird nun bis auf eine Schlaufe in die 2-3 Finger passen durchgezogen **2.**die zweite Nadel in der rechten Hand wird nun von rechts nach links durchgestochen und dabei ist es hilfreich durch leichtes ziehen des Garns mit Hilfe der Schlaufe die Nadel zu transportieren (Dabei ist darauf zu achten das nicht in das Garn genäht wird!) **3.** an beiden Fäden wird alles straff gezogen, und die Lederkanten müssen schlüssig aneinander liegen Dies wird bis zum Naht- ende wiederholt.	die Schlaufe dient als Hilfe beim Durchziehen der zweiten Nadel und zur Sicherheit für für das Garn, damit es nicht durchnäht wird Lederkanten liegen aneinander und ergeben eine ordentliche Form
Nahtabschluss	die Naht wird fest- gezogen, der Abschluss ist ein doppelter Knoten auf der Lederoberseite	fester Abschluss der Naht
Säubern der Naht	mit dem Elfenbein- Knochen werden alle Stiche optisch begradigt und mit dem kleinen Hammer wird die Naht durch klopfen fixiert	optische Veredelung und Fixieren

5.3.   3.Stufe: Wiederholung durch Auszubildenden 10 min.

Der Auszubildende wiederholt nach der Unterweisung das Erlernte und führt es selbst aus. Er soll dabei die einzelnen Schritte in der richtigen Reihenfolge vornehmen und zwischendurch den jeweiligen Schritt erläutern.
Werden seinerseits Fehler gemacht, so ist ihm durch kleine Hilfestellung die Möglichkeit zu geben, diese zu korrigieren.
Sollte dies nicht der Fall sein, so sind die wesentlichen Punkte durch den Ausbilder zu wiederholen. In diesem Fall sollte der Auszubildende ermutigt werden, indem das, was er richtig gemacht hat, positiv hervorgehoben wird.
Bei gutem Erfolg sollte der Auszubildende gelobt werden, da dies i.d.R. motivationsfördernd ist.

5.4.   4.Stufe: Übung und Festigung 2 Stunden

Der Auszubildende soll durch selbständiges und eigenverantwortliches Arbeiten das Erlernte festigen.
Hierfür erhält er ein neues Übungsstück zum Nähen, bei der er alle notwendigen Schritte vorbereiten und durchführen soll.
Der Ausbilder sitzt währenddessen neben dem Auszubildenden und überprüft stillschweigend sein Tun. Bei Fragen oder Unsicherheiten kann der Auszubildende jederzeit nachfragen. Als weitere Lernzielkontrolle erhält der Auszubildende zum Abschluss zwei weitere Übungsstücke, mit denen er, wie soeben, selbständig verfahren soll.

6. Kontrolle des Lernerfolges

6.1. Kontrolle des Ausbildungserfolges
Die Lernzielkontrolle dient der Reflexion der gerade vollzogenen Übung und gibt sowohl dem Ausbilder als auch dem Auszubildenden eine Rückmeldung über den Erfolg der Unterweisung .
Die Lernzielkontrolle wird zum einen während der Unterweisung stattfinden und auch während der Stufe 4, dem selbständigen Arbeiten.

6.2. Selbstkontrolle durch den Auszubildenden
Die Selbstkontrolle erfolgt, um die eigene Selbsteinschätzung zu fördern und eventuell auftretende Fehler selbständig zu erkennen und zu korrigieren.
Er prüft auf Anregung des Ausbilders die Übungsstücke aus Stufe 4.
Auf diese Weise erhält der Auszubildende die Bestätigung, eigenständig und verantwortlich arbeiten zu können. (vgl. Punkt 5.4.)

6.3. Fremdkontrolle durch den Ausbilder

Die Fremdkontrolle durch den Ausbilder oder eine Fachkraft dient primär nicht der Bewertung der Auszubildenden, sondern der Verbesserung des Lernerfolges. Wichtig ist in diesem Zusammenhang die konstruktive Kritik, die den Auszubildenden nicht abschreckt, sondern motiviert. Alle positiven Ergebnisse werden ausdrücklich hervorgehoben.

Diese Fremdkontrolle führt in diesem Fall eine Fachkraft aus der Bandagistenabteilung durch und bezieht sich auf die eigenständig angefertigten Handnähte aus Stufe 4.(vgl. Punkt 5.4.)

7. Literatur- und Quellenangabe

- Die Neue Handwerkerfibel Teil 4 / Band 3; Holzmann Buchverlag Ausgabe2005/2006
- Lehrgang Ausbildung der Ausbilder HWK Chemnitz; Lehrgangsleiter Herr Brachmann

Hiermit versichere ich, diese Unterweisung selbst erstellt zu haben und keine unlauteren Mittel verwendet zu haben.

Zwickau, den 06. Juli 2006

Susan Schwarz

10

Ablauf

Begrüßung

persönliche Worte (Urlaub oder Wochenende)

Thema nennen

Anwendung in der Praxis (wo, warum)

Bezug auf vorherige Unterweisung nehmen ; Walken von Leder

Fragen:

1. Wie nennt man diese Lederart ?
2. Wie heißt die weiße sichtbare Schicht ?
3. Wie säubert man das gewalkte Leder nach dem Arbeitgang ?

Hinweis auf die Eintragung der Unterweisung in den Berichtshefter

Antworten:

1. Rindswalkleder

2. Spieß

3. Kleesalz oder Oxalsäure